人気講師が
あなたにお教えしたい

これだけは
マスターしたい
発声の基本
攻略法

ヒトミヴォイス著
hitomivoice

ブックウェイ

電子ブックでの音声の再生について

● Track01 ～ Track19 まで収録されています。

●本文のトラック番号に再生ボタンを付けておりますので電子ブックの方はそのまま再生ボタンをクリック（タップ）してください。

冊子の付属 CD について

●本書巻末に CD があります。

Track01 ～ Track19 まで収録されています。

本文にトラック番号が記載されておりますので、お聞きになりたいトラックを CD より再生させて下さい。

●本書付属の CD は CD プレイヤー及びパソコンで再生できます。

まえがき

みなさん、はじめまして
vocal coach のヒトミヴォイスです
歌声ってどうやって出せばいいんだろう？
自分の発声はこれでいいのだろうか？
発声のストレスを減らしてもっと楽しく歌いたい
ヴォーカル歴は長いのに何故うまくならないのかな？

こんな事を思ったことありますか？

もっと歌がうまくなりたい！　という気持ちは誰も同じです
素材がよければお料理でもシンプルな調理法で十分美味しいですよね
歌も同じで「**声が良ければ**」その人のパフォーマンス力がグッとあがります

「声がうまく出ない」「もっと楽に出したい」など
　発声に悩みがある方、発声力の底上げをしたい方も
「うまく出すコツ」や「コントロール」を知らないだけで「声を持って」います

　ピッチの改善もビブラートもロングトーンも高音もミックスヴォイスも
　基本的な事ができていれば自然にできていくはずですよ
　歌の発声で１番マスターしたい基本的な事がよく身に付かず
　難しい事ばかりにフォーカスしすぎて思ったよりも声が伸びない、ということがないように……
　この本で案外今の悩みがすんなり解決できてしまう方もいらっしゃるでしょう

まえがき　*1*

まずはこれだけ、という必須項目をご紹介したいと思います

ある程度トレーニングを積んだ方だと

え？　今更基本？　……と思われるかもしれませんが、私は基本なくして更なるステップアップは目指せない！と信じています

伸び悩んでいる原因は今できないその事、ではなくて基本が身に付いてないからです

また、周りに「なぜあの人は習ってもないのにいい声なの？」と思えるような方、いらっしゃいますよね？

悔しいですが、最初からある程度できているのです

でも私のところにいらっしゃる方でそのような方はお一人もいらっしゃいません

だからじっくり読んで取り組んでほしいのです

コントロールを邪魔する「**力み**」

私は力みを取る事によって本来のあなたの「素」の声を引き出すのが得意です

鍛え磨き上げていく事だけでなく、元々持っている「**その方の声の魅力**」を引き出してから必要なトレーニングをし、ご本人にも変化に気付いていただけるようにレッスンを進めています

では何故そんなに力んでしまうのでしょうか？

それは「しっかり出したい」からです

それから「**ちゃんと出さなきゃ**」

と思っているからです

その考え方は間違いではありませんが無理をしています

しっかり出したかったら力みから解放していきましょう

でも何が力んでいてそうでないかはご自身で気付けません

脱力、リリースされてようやく

「**これが脱力か**」とわかるのです

　皆さんの力みを取る事が１番のポイントかもしれません
　そしてはじめてその人の「発声力」がでて
「その人の声の魅力」が出てくるのです
　自覚している力みと自覚していない力みをエクササイズを通して発見しましょう！
　そして元々持っているあなたの発声力に気付いていきましょう！

　さぁ、はじめますよ !!!

目　　次

まえがき

この本の使い方

基本知識・用語について

エクササイズ音源について

第1章　楽器＝身体　姿勢のチェックから

楽器としての身体
感情を持った楽器
楽器の構え方
エクササイズ
ポイント
コラム「腰痛持ちですか？」

第2章　口の開きについて

下顎の使い方
なぜそんなに下顎ばかりが力んでしまうのか？
エクササイズ
コラム
エクササイズ

第3章　口の中の使い方について

発音でチェックしたい
子音と母音
音を繋ぐのは母音の役目
リズムやアクセント、を出すのは子音の役目
エクササイズ

コラム

第4章 呼気について

呼気圧に関する事
気圧は高いところから低いところに流れる
声門がストッパーになる
声門と同じような楽器って？　ベルヌーイの定理

第5章 声門について

エクササイズ─声門の開閉の感覚をつかもう！
声門を伸縮させてみよう
声門を使いすぎていませんか？
リップトリルについて
エクササイズ

第6章 腹圧について

腹圧がかかっているということ
エクササイズ
横隔膜について

第7章 吸気について

楽なブレスとは
好ましくないブレス時の身体の動き
エクササイズ
コラム

第8章 支えとは

腸腰筋とは
コラム

第9章　喉頭について

喉頭図解
エクササイズ
コラム

第10章　共鳴について

響きの当て方
鼻腔共鳴と力みとの関係
エクササイズ

第11章

応用エクササイズ

第12章

表現力について

まとめ

あとがき

この本の使い方

　この本はボーカルレッスンについてある程度のキャリアがある初中級者の確認用として、入門の方にもお使いいただけます

　これからご紹介することを身につけるだけで**劇的に！**　声が変化すると信じています

　そうやって良い声が出て喜んで下さる方を多く見ているからです

○　写真や説明を理解し、「なぜそうしないといけないのか」を知りましょう
○　音源エクササイズを使って同じようにできるか確認しましょう
○　できるだけ音質を変えないで出せるように注意しましょう
○　必ずエクササイズの後にすぐおさらいしている曲を歌いましょう
　　数小節でもサビの部分だけでもいいです

　あとは反復練習で身につけていただくだけです！

　早ければ３ヶ月で大きな変化があると思います

　最初から変な癖をつけないためにも、確認のためにも一緒に学んでいきましょう！

基本知識・用語について

声区（ヴォーカルレジスター）について

音の高さ、音質によって区分する考え方です
一般的に言われるのは「地声」「裏声」という言い方ですが

○　地声＝ **Chest voice（チェストヴォイス）**
○　裏声＝ **Head voice（ヘッドヴォイス）**

と言われます

○　Mix voice（Middle voiceとも言います）チェストヴォイスとヘッドヴォイスを混ぜ合わせた中間音域の声区
○　Falsetto（ファルセット）よく男性の裏声という言い方で使われる事が多いですが、実際はヘッドヴォイスの仲間で声門を開いてヘッドヴォイスを出す声です

いずれの声区も変わり目のところでよく馴染ませて、できるだけ音質の変化がないように歌えるようにします

声門や身体の使い方が正しくできていればだいたいのコントロールはできるようになりますので、まずはベーシックとなる発声をしっかり身につけていきましょう

8

この本の中で出てくる用語、名称など

呼　　気　　吐く息、すなわち歌唱時

吸　　気　　吸う息　すなわちブレス

ピ ッ チ　　音の高さのこと

音　　程　　２つ以上の音のへだたりのこと
　　　　　　　それぞれのピッチが悪ければ音程も悪くなります
　　　　　　　ピッチと混同しないように

レ ガ ー ト　　音をつなげてなめらかに演奏すること

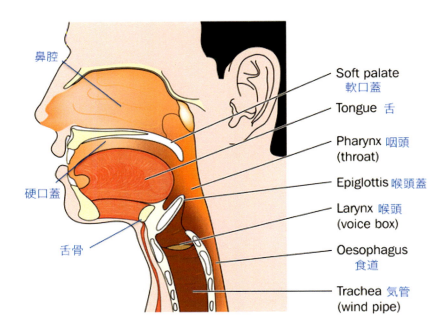

エクササイズ音源について

この本についているエクササイズ音源は順番にやっても好きなところからはじめても結構です

全部完璧にできていたら基本はマスターしている、と思ってください

極端にできないエクササイズがあればそれがあなたの弱点になります

確実に出来てほしい音域にしぼっているのでエクササイズ音源の音域は少し狭くしています

練習の仕方は

エクササイズだけをひたすらおこなってもいいですが

○　4小節ごとにエクササイズを入れて曲を歌う
○　エクササイズ→Aメロ→エクササイズ→Bメロ→エクササイズ→サビ
など

なるべく歌に発声を反映できるようにご自分でもアレンジしてください

そして、その時に「どんな声になり」「どんな感じがして」「身体のどこが使われているか」を探り

エクササイズなしでも歌っていい声になるように注意深く練習してください

ここにあるエクササイズは生徒さんにレッスンして

「効果があったもの」「難しかったもの」を集めて収録しました

自信のあるエクササイズばかりです！

12

第1章　楽器＝身体　姿勢のチェックから

楽器としての身体

歌い手は「身体が楽器」と言いますが

　私たちは
「楽器としての身体を自分で持ちながら」
演奏しています

　実際のところ一体感がありすぎて、「どこを」「どう」持ったらいいのか他の楽器に比べてハッキリしていません そして分かりにくいです
「持ってる感覚がない」ですからね

　その方の日常の身体の使い方が大きく反映されてしまい、身体の使い方のクセが音のクオリティに影響してしまいます

　実はこういうところが見落としてしまうところなのです！

気をつけて！
とても大切です

バイオリンやギターなどいくつかツールを持たないといけない楽器や大きな楽器は、弓の持ち方、弦の当て方、押さえ方などのバランスを崩せば、思い通りの音が出ないのは明らかです

　歌声だって同じです
　歌い手の場合レッスンの最初だけ姿勢について取り上げる場合が多いのではないでしょうか？　その後すぐ実践的な内容に入ってしまってませんか？
　人によっては歌いながら動きがありますから、楽器の中心軸は常に移動しています
　最終的にはどんな動きをしてもバランスを取れるようになるのが理想です
　実際にあなたはどうなっているか、日常生活の様子をみてみましょう

　例えば……

- □　バッグはいつも同じ側に持つ

- □　身体がねじれている、歪んでいる（骨盤や上体など）

- □　子供の頃から姿勢の注意を受けており、いつも姿勢をよくしな
きゃ、と意識している

- □　常に片側だけに重い荷物を持っている、歌う前に一方だけに重
い荷物を持っていた

- □　筋肉痛になっている

- □　日常的に首、肩、背中がこわばっている

- □　噛みぐせがあり（または顎関節症）奥歯を噛みしめている傾向
がある

- □　身体が冷えている

- □　目を酷使している

- □　歯の治療中である

など……

思い当たることはありますか？
　楽器をお持ちの方（特に高い楽器を買った方ほど）はお手入れをしっか
りしていると思いませんか？
　みなさんの楽器（身体）のメンテはいかがでしょうか？

楽器（身体）を常に良いコンディションに保っておく

のもボーカリストとして大切な仕事です

何をしてはいけないとか、した方がいい、というのはよく聞きますし
　よく「ニトミ先生は声のために何かしていますか？」とご質問を受けるのですが、自分の健康の為にしていても喉のために特別な事はしていないように思います
　うがいをするとか身体を冷やさないようにする、運動して身体の滞りを防ぐとかは普段の生活の中で日常化していますし、エアコンの風がくるところに座らない、とか直感的に声が出にくいような環境も避けているかもしれません

　私自身楽器（身体）のために良い事をしているとそれだけで

「今日も良い声が出そう」

　と思えるのです

「その気になる（イメトレする）」というのも悪いことではありません
　私たちの身体は
「精神（感情）を持った楽器」になるからです

感情を持った楽器

　楽器自体に感情がある、生きているというのは他の楽器にはない事なのですが

　高音などで構えてしまったり（不安）、心配事があったり、イライラしたり、チャレンジ心が強すぎたりすると、無意識にも喉がきゅっと締まった状態になり身体のどこかに力が入って声に反映されてしまい、パフォーマンスに影響が出てしまいます

「身体」という私たちの楽器は「思考」を持っています

「楽器自体が思考を持つ」

　器官や筋肉を使いエクササイズに取り組み、楽器としてのコントロール力をあげていきたいのですが、実際には音は見えないし身体の中の事は確認できません

> 「イメージすることで脳からの指令で筋肉を動かし、実際のコントロールにつなげる」

　のです
　理想の音、こう出したい、とイメージすることは実際の音に反映されていくと思います
　うまく出来なくてもいいから癖にしていきましょう
　音を出しにくいところで身構えてしまったり
　不安からミスをしてしまったりなど
　これは悪いイメージから起こっていることです
　こちらの思考になっている方が多いと思います
　スポーツに似ていますよね

第1章　楽器＝身体　姿勢のチェックから

楽器の構え方

● 身体全体の使いかた

まず皆さんの楽器の持ち方について確認していきましょう
どうやって持って（立って）歌ってますか？

① <u>頭蓋骨</u>

② <u>胸郭</u>

③ <u>骨盤</u>

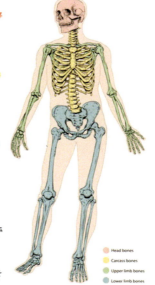

これら3つのパーツが上手く保たれているでしょうか？
　私はレッスンの中で「この**三つのお団子**がきちんと縦に揃っているように」と言います
　ほとんどの方は頭蓋骨がずれて反り返っていたり、骨盤が前傾しすぎてお腹が抜けてしまったり、きれいに揃っていません
　レッスンでは「姿勢ばっかり注意される」と思われるかもしれません
　でも必要なことなのですよ
　姿勢についてレッスン時間の大半を使ってしまう事があるのですが、矯正するだけで声が変わっていくので姿勢の大切さを感じずにはいられません

しっかり身体に通って響いた声を体験できれば、いずれどんな姿勢をしたとしてもその声の感覚は覚えています
　力みを生みやすい姿勢を取っていれば身体の連携はうまく取れず、同じ事をやっても伸び幅が小さくなってしまいます

　では具体的にどういう状態が望ましいのか見ていきましょう
　頭蓋骨、胸郭、骨盤この３つを繋いでいるのは脊椎ですよね
　実際の脊椎は私たちが思っているより大きくカーブしています（22pイラスト参照）
　なのでまっすぐすぎる立ち方は逆効果です

　脊椎の自然なｓ字カーブがキープされていて、
　つむじとおへその位置を合わせるように置く
　足裏の重心は土踏まずのあたり、少し内側に合わせるように立ってみます
　特に靴底の外側が減る方は身体の中心に集めるのが苦手なので外側に流れてしまわないように気をつけてください

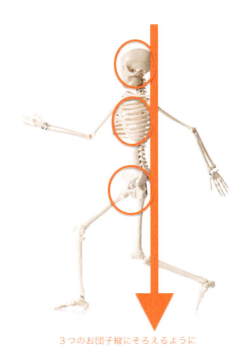

３つのお団子状にそろえるように

第１章　楽器＝身体　姿勢のチェックから　21

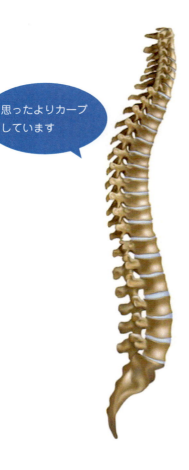

思ったよりカーブしています

　いつも「ピンと」背筋を伸ばしている方にとってこの姿勢は
　急に姿勢が悪くなった感覚に陥ります　ゆるむからです
　みなさん一言「**変な感じ**です」とおっしゃいます
　でもその姿勢をキープして歌うとすーっと声が伸びて響いている瞬間を何度もみています

　日常生活でいつも力んで立っていることに気付いていない方が多いと思います
　私だってそうです
　だからなんだかおぼつかない、すなわち力みが取れ最小限の力で立っていることが「**変な感じ**」なんだと思います

　レッスンでは「脊椎がピアノの鍵盤になったと思って」と言うことがあります
　低い音は腰から胸の方へ響き、高くなるにつれ首から頭の方へ移動してくる感じです
　チェストヴォイスは低音、ヘッドヴォイスは高音ですから
　響きの感覚が掴みやすいですよね？

　次は歌う時のまっすぐな姿勢をとってみましょう
　胸郭を「**閉じる**」ように立つことでブレスしやすい状態を作ってみます

胸郭が開いてしまうと身体が縦に伸びてしまい、腹圧が均等にかかりにくくなり、ブレスしにくい体勢をわざわざ作ってしまいます

　肋骨は下部にいくに従って下部の方が動きやすい構造になっています
　肋骨は12対24本ありますが、8、9、10番目の二対はその上の肋骨と軟骨でつながっているし、その下の２本については短く、前の方に固定されていません
　軟骨部分も下部の方が面積が広がって良く動きそうだという事がわかります

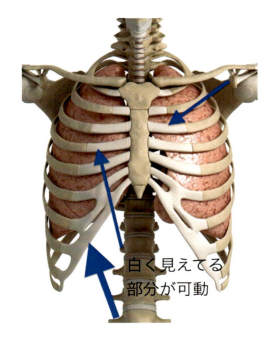

白く見えてる部分が可動

　写真の肋骨の２色に分かれているところに注目してください
　肋硬骨（茶色）と肋軟骨（白色）の違いを表しています
　胸郭が開いてしまうとお腹が抜けたように（お腹いっぱい食べた時のような）前面が伸びてしまい深く呼吸できません
　試しに胸を開きお腹を縦に伸ばしきった状態で深呼吸してみてください

第１章　楽器＝身体　姿勢のチェックから　23

思ったより息が入らず苦しいでしょう？
　横隔膜が下がらないのです
　その反対にかがみすぎて背中を広げすぎてもお腹側が窮屈な感じになります
　筋肉は収縮することで力をうむので、どこかがピンと張った姿勢は緊張を作り声を出しにくくします
　この軟骨部分が左右に開き上下にも動くようなブレスをしたいですね
　かまえかたは呼吸や喉の使い方や共鳴にも大きく関係します
　でもパフォーマンスによっていつもまっすぐに立った姿勢ばかりとは限りませんよね？
　まずは基本的な構えを習得し、最終的にはどんな姿勢を取ったとしても上手に使えるように身につけていきましょう

エクササイズ

「百会」といわれる頭のつむじのツボと「おへそ」を同じ縦のライン上におかれるように近づけて立ってみましょう
　膝の後ろからまっすぐに頭に伸ばしたラインを中心ラインとします

　皆さんの場合はつむじの位置は後方へ倒れ、ブレスのタイミングでさらに後方へ、高い音でさらにのけ反って出して後方へ倒れてしまいます
　胸郭を持ち上げ広げようという意識で動かしているつもりでも胸郭は閉じるどころか、どんどん開いてしまいます
　ブレスも高音も出にくい体勢を自ら作ってしまいますね

　何度やっても中心ラインがうまく揃わない場合は

　　□　胸郭がロックされている
　　□　骨盤の動きが硬い
　　□　腹部のインナーマッスルが弱い

　胸郭と骨盤の連携が取れてないのです
　身体の連動がとれないほど力んでいるのです
　または普段の身体の使い方のクセで力んでいることにもう「気付けない」のです

　深いブレスのためにもリラックスした姿勢をキープしたいですね

第1章　楽器＝身体　姿勢のチェックから　*25*

こちらを見比べてみましょう
違いはわかりますね？

スマホでもタブレットでも簡単に撮れる時代です
　まず写真を撮ってみてください

　そして「力まないで立てる」ところまで感覚をつかむまで何度もチェックしてください　本当はトレーナーにチェックしてもらうのが一番なのですが……
　何度も言いますが、姿勢は大切ですよ
　正しく立てている場合、横から見ると左のイラストのように肋骨は斜め下方向に向いています
　でもそこだけ見るとなんとなく前屈みみたいにも見えます　でもそれが自然な状態です
　右の写真は胸郭が起き上がっているのがわかりますか？
　これでは前後の重心のかかり具合が違うので力みを生みやすいですね
　肋骨を前上がりにしないように立ちましょう

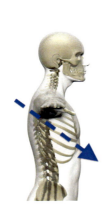

第1章　楽器＝身体　姿勢のチェックから　27

ポ イ ン ト

脊椎のカーブをどれだけ活かせていますか？
３つのパーツを自由にしていますか？
力みやすい場所は**首と肩甲骨と胸郭**です
上半身の使い方に力みが生まれてしまう方が多いんです
下半身とのバランスも悪いので、レッスンでは
「膝から下は地面に埋まってるみたいに立ってほしいなぁ」
とよく言ってます

　どこかに力みを作ってしまうと歌っていて首や肩が痛くなる、高音が出にくい、息がだんだん入らず苦しい歌い終わる頃にはヘトヘト、という事があるはずです
　響きを止めてしまわないように常に
　自分の身体の使い方にどんなくせがあるかを理解、改善していきましょう

　　○　胸郭は閉じているでしょうか？　閉じている感覚はつかめましたか？
　　○　骨盤との動きに連動して動いていますか？

　私たちは無意識に力んで出していこうとしています
　それがいけない事だと知っていても……

　基本的な立ち方が力みにくい姿勢を作り、抜けの良い声にもつながるので根気強く取り組んでいきましょう

コラム 「腰痛持ちですか？」

　皆さんの姿勢のチェックをして改善させた直後に発声すると格段に声が変わる方が多いです

　この構えを基本に、どんな動きを取ったとしても力みの少ないポジションに置けるようにしていきたいですね

　レッスンをしていると、腰痛持ちの方はほとんどが反り腰になっているので「腰痛持ちですか？」とだいたい言い当てる事ができて
「なぜわかるんですか!?」と驚かれます

　反り腰は音の響きを止めてしまうので発声にも健康にもよくないですね

　いつのまにか歌う姿勢を矯正しているうちに腰痛まで治ってしまった方がいらっしゃいました！

　生徒さんからは「こんなに頼りない感じで立っていいのですか？」

　とコメントがありました

　それくらいふわふわとしていて、必要最小限で立つ感覚をぜひ体感していただきたいものです

第1章　楽器＝身体　姿勢のチェックから　29

30

第２章　口の開きについて

下顎の使い方

　下顎はどう使っていますか？
　歌詞を発音させるには下顎の動きがないと（ゆるみがないと）上手に発声できません

　歌っているときはメロディを次々とつなげながら言葉を（歌詞）を発音しているので、いつのまにか下顎がこわばって不自然な使い方になってしまう事があります
　下顎に力が入りすぎていませんか？　自覚はありますか？
　歌った後に首の前後がこわばる方は疑いがあります
　こちらの写真を見てください
　下顎はこんな形をしています

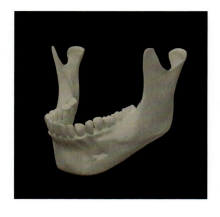

　唇だけを動かして大きく口を開けようとしてもうまくいきません

　下顎を使う時に力一杯下顎を引き下げるのではなく

顎関節から口を開けるように

してみましょう
下顎だけに頼らない感覚をつかむまで何度も繰り返します

無駄なことを頑張っていませんか？

歌詞に「あ」や「お」のつく言葉、特に高音の時（サビなどで）にしっかり楽に開いていますか？

どうなっているか見た目ですぐわかるので録画しましょう

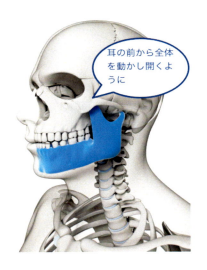

耳の前から全体を動かし開くように

あまり開いてなかったり食いしばっているように口角が下がっている場合や、動きが硬い場合は見直していきましょう
ここに問題がある方は40p ラダラダエクササイズがうまく出来ないはずです

それではどれくらい開いているのが理想なのでしょうか？
例えば遠くの人に呼びかける時、応援している時
大きな口を開けていると思いませんか？
私たちは大きく出したい時は勝手に大きく開けて発声しているはずです
なのに「歌う」という意識が加わると途端に力みが生じ、ほら、よく見てください、思ったより開いていませんよ
多分ピッチや発音など他の事にも注意がいってしまうからだと思います
私は中学生の時、「高音ほど口を開けなさい」と言われたのですが、ほとんどの方は高音ほど動きが小さくなっています　身構えてしまっているようです

第2章　口の開きについて　33

その時には下顎を少しだけ後ろに引くようイメージで下げると力みにくくなります
　レッスン内で上顎も下顎も同じように開けるように、とコメントすると半数の方は頭を上に向けてしまいます

　何故そうなってしまうのか……

　上顎と頭は同じパーツの一部だからです
　下顎のように単独で動かす事ができないのです

　上を向いてしまうと舌骨も持ち上がってしまい喉頭が上がりやすくなります
　そうなるとノドに力が入りやすく高音が出にくくなってしまいます

　顎関節症の方は歌う時にも顎の開き方に不自然さが感じられます

なぜそんなに下顎ばかりが力んでしまうのか？

下顎の力を使って強く出そうとしているのですね

声をしっかり出そうとして、勝手にに力が入っていますよ

そういう方はうまく吐けてない事が多く、ブレスも苦手です

声帯筋が弱いことも考えられます

「**発音**」の為に必要な下顎の動きと「**発声**」は直接関係がない事を知りましょう

発声するだけなら下顎はそれほど大きな動きはないですよね？

声帯が音を出すのですから

つまり

下顎は発声時にさほど使われない、発音する時に使われているのです

そうしないと舌の動きや喉頭の中の働きまで抑制してしまいます

呼気については後で取り上げますのでチェックしてみてください

じゃあ、しっかり動かせばいいのねと

はっきり開けようとしすぎていかにも「**発音の顔**」になってしまうほど動かしすぎるのはいけません

はきはきさせすぎても角張ったフレージングになってしまいます

何事も too much にならないように使ってください

エクササイズ

1－上の前歯の裏に舌先を充てたまま発声

イラストのように舌を前歯の前に出しても結構です

第2章　口の開きについて　*35*

このエクササイズの直後に同じやり方でメロディを歌ってみます
↓
歌詞で歌います

このエクササイズの時

口は**縦にしっかり開ける**（下顎をリリースするため グッと力まないように）
（上の前歯が軽く見えている　または舌の裏側が見えている）

メロディの変化で口の開き方が変化しない

歌詞になった時できるだけコンディションを変えないように感覚の余韻を残しておきましょう

それから
- ○　下顎部に重い負荷がかかってないこと
- ○　特に音の跳躍時や高い音で下顎の力みが変化しないこと

をチェックしてください

このエクササイズはわざと下顎を使わせないで歌わせています

それと同時に鼻腔へも広く響かせる練習にもなります
余裕がある方は鼻腔へも音が抜けているか確認してください

下顎を力ませないで歌うとお腹の使い方がしっかりしてきませんか？
それと力んだ時の感覚はわかりますか？
極端に音が小さくなってしまった方は呼気が適切に流れてないので息を吐いてください

呼気が十分な量ではないせいで下顎が力むのかもしれませんね

２－下顎に指を軽く添える

　この本の中で 一番簡単なエクササイズです
　下顎を触るだけ！
　これで歌ってください

　頭蓋骨と別パーツである下顎に
「力を入れなくていいよ」と指先で教えてあげます
　レッスン内では下顎に力みがある方によく使います

簡単なことしかしていないのですけれど。

　指先を当てたまま発声すると
　急に音の抜けがよく、顔全体に響きが感じられるようになっていませんか？
　だとしたら相当下顎に力みがあるという事ですよ

　音の微妙な変化に気付ける耳の力も必要です

第２章　口の開きについて　37

コラム

　口の開け方は本当に人それぞれだなぁ、と感じます
　そしてどのように開けているか、あまり気をつけている方はいません
　鏡をみながら歌ってチェックしています、という方もいらっしゃいます
　鏡を見ながらチェックしても肝心なところ、高音や難しいメロディラインなどで自身が他のことに集中してしまうときはうっかり見逃している事が多いです
　やらないよりはいいと思いますが。。
　レッスンを録画されていた方もいらっしゃいました
　自分がどんな顔をしてるのか知りたかったそうです

　また「数日前に親知らずを抜いたので今日は声でないかも」と自信なさげにいらした生徒さん
　実際に出してみたら周りの方もびっくりするような響きを楽そうな声が出ました
　声にニュアンスが出たので曲のまとまりも素敵になりました

　ご本人もあまりの声の良さに驚かれていたのですが、抜いた親知らずの辺りをそぉーっと使おうとしたので下顎に力が入らなかったのですね
　力が入っていたのを発見した瞬間でした

エクササイズ

● a-「LagaLaga」ラガラガエクササイズ track2

　口を縦に開けてラガラガラガと言います

　このエクササイズは歌詞が詰まり気味に聞こえるときや舌の動きが硬い方によく使います

　声や歌詞がこもった感じになってしまう方にもおすすめです

　きれいに言えたらおさらいしているメロディで「lagalaga‥」と歌ってみましょう

　それぞれの子音を意識しながら出すと、l の舌先が上前歯の後ろに付くことと、g が耳の前あたりで息を噴射させるように吐き出すように動いていることがわかりますね

　「La」と「Ga」を早く言う事で前後の子音の動きが口腔内の奥行きを作ります

　また舌をよく動かすことで不必要な力みをほぐす事もできます

　ただし発音できたとしても、うがいしてるような浅い音になっているのは望ましくありません

　また、母音「あ」がクリアに聴こえていますか？

　これで「喉を開けた」状態に近づき、広さや奥行きを感じ歌詞がクリアに聞こえるはずです

第２章　口の開きについて　39

● b-「LadaLadaLadaLada…」ラダラダエクササイズ track3 ▶

aと同じように発声してみます

大半の方はうまく言えないか、下顎がガクガクしてしまいスムーズに言えません

必要最小限の下顎の動きで（フリーズさせることではない）力ませないようにして、きれいに発音できるといいですね

こちらのエクササイズは「d」の子音が舌を軽くはじいて瞬間的に呼気を軽くプッシュして発音します

喉の奥行きだけでなく、呼気とのバランスの連携をとっていかなければなりません

子音dを発音すると同時にお腹周りにも発音時の圧を感じる事が出来ますか？

これがあとで出てくる呼気圧のトピックにリンクしています

母音「あ」はクリアできれいに発音できるようにしてください

リズムが崩れず子音は確実に発音できましたか？

このあとすぐに今おさらいしている曲を歌ってみましょう

発音も発声も軽くなっている事が確認できるでしょう

● 　ヴォーカルフライエクササイズ　track4

　声門に息を当てて声門を鳴らしている感覚をつかみます
　声門をできるだけ軽く閉じようとし、息を声門に滑り込ませるように発声すると……「あ"ーーーーー」
　のような音になります
　声帯が鳴っている感覚が掴めるでしょう
　この時に細かい音の振動になってはいけません
　明らかに力んでいるような音も正しく使えていません

※　このエクササイズは特に「普段声をあまり使わない」方や、いわゆる「喉が緩い（声に芯がない）」「息もれが多い」「声の鳴りが弱い」タイプの方に効果があります

● POPOエクササイズ track5

popopopopopo………ぽぉぽぉぽぉぽぉぽぉぽぉ
喉を開くエクササイズ

母音「お」を発音するため顎関節はしっかり開けておきます
下顎の力みを生じさせないようにするためです
唇をすぼめ、「p」を軽く破裂させますがアクセントがついてはいけません
下顎は母音「お」の度にもぐもぐと上下に動いてはいけません
音が切れないように必ず「お」でつなげていきます
「ぽぽぽ」にならず「ぽぉぽぉ」と聞こえるように気をつけましょう
レガートを心がけてください
ノドが太く深くなったような感じがしますか？

私たちが使う日本語は気付かないところで勝手に区切って発音しています
歌うときには音を切る必要がないので、すべてレガートで歌われるべきなのですが、勝手に切れている事に気がつきません
弦楽器のようなイメージで音をつなげましょう
ジャズヴォーカル、ゴスペルなど日本語以外で歌う方は特に気をつけてください！

「喉が常に開いている」状態で歌い続けなければいけないので、このエクササイズでメロディをしっかりつなげられるように練習しましょう
どんなジャンルでもどんなテンポでもレガートで演奏することは基本ですね

第3章　口の中の使い方について

発音でチェックしたい

● こもる声

他の楽器を比べて歌は決定的に違うところがあります

答えは簡単！「歌詞がある」か「歌詞がない」という点です

私たちはきれいな音を出すだけではなく、きれいに歌詞を発音しなければいけません

知っている曲ならばまだしも、知らない曲だと歌詞の細かい部分まで聞き取れず、聴き手は「なんとなく流して」聴いてしまう事もあるでしょうし、外国語だとムードばかりを優先してしまって肝心の単語が聞き取れない方も多いです

そうなると、あなたのパフォーマンスがぼやけてしまうのです

どんなに表情豊かに歌っていたとしても、ピンとこない。。。

良いと思えない、ということになります

雰囲気は良いのだけど……

発音に関係する器官が上手に使えないので言葉（歌詞）が言い切れてないのですよね

またどこかできちんと響くはずの共鳴が阻害されて聞こえにくくなっています

なぜあなたの声はこもるのでしょうか ???

まず発音の問題から見ていきましょう

子音と母音

　お喋りする時と歌う時、発音は同じはずなのになぜ歌う時の発音はクリアにならないのでしょうか？

　おしゃべりの時と違って歌う時は音が伸びたり短かったり変化するのと、ピッチの上下（音程）があり変化があるので、コントロールがうまくいかないんですよね

　よく「もっと声を前に出して」とか「声をまとめて」とか「声を遠くに」というアドバイスを聞いたことはありますか？
　音だけでなく言葉も中に引っ込んだ状態になっているのですよね
　私もたまにこの表現を使ってしまいますが、ここで解説したいと思います

　ほとんどの場合、力みによって子音と母音がはっきり言えてないのです

　そのうえ呼気も十分でないことから言葉をプッシュできません
　さらに首や肩がフリーズしてしまい、苦しい状況をうみだしてしまいます
　歌い終わる頃には苦しく「息が上がったような」「パンパンな感じ」になっていませんか？

　※　少しモゴモゴとした発音の質感がかえってその曲や歌う人の声の良いフィールを
　　　出し、個性や持ち味になって魅力になることもあるのですが、ここではあくまでも
　　　基本をお話ししたいので今は考えないようにしましょう

第３章　口の中の使い方について　*45*

例えば

歌詞の中で

「私はあなたの……」

という歌詞があったとします

子音と母音に分けてみましょう

「w-a t-a sh-i w-a a n-a t-a n-o ....」

となります

母音だけを取り出すと

「あーあーいーあーあーあーあーお」

となりますね

歌詞の母音だけで歌う練習をしてみましょう

そして母音の向きを<u>同じ方向に揃えるつもり</u>で歌ってみます

これは popo エクササイズでもやったように、子音の発音に必要な舌や唇の邪魔がないのでレガートで歌う練習にもなります

歌詞の「ん」はそのまま発音します

母音がきれいに言えないといろんな音質になりピッチが悪く聞こえてしまいます

p39 のエクササイズも歌詞をはっきり言いたいときのエクササイズとして効果があります

メロディを lagalaga、ladalada で埋めていってください

音を繋ぐのは母音の役目

　のびのびとしたフレーズ感で歌え（レガートで歌う）、歌詞がぶつ切りにならないようにするには

母音で音と音をどのように繋ぐか

　がポイントです

　母音の伸びや強弱でダイナミクスが出たり、ニュアンス、表現力を作ることができます

　基本的に

> **歌の中で**
> 　・**子音は**　　「**できるだけはっきり短く**」
> 　・**母音は**　　「**できるだけはっきり長く**」

歌うようにアドバイスしています

　はっきりね、と言うと全体的にハキハキしすぎてフレーズや言葉がごつごつしてしまう方が多いので、滑らかに歌えるように注意しましょう
　いつもより息が足りなくなったり苦しくなっていたらエネルギーをしっかり使えている証拠です

第3章　口の中の使い方について　*47*

リズムやアクセント、を出すのは子音の役目

まず、あなたは綺麗な子音の発音をするコントロール力はありますか？

○ **無声音（声帯は鳴っていない）s,t,k,sh,f,h,p など**
○ **有声音（声帯を鳴らしている）b,z,d,g,j,v,l,r,m,n など**

これらの子音の発音が遅れると母音も遅れ歌詞がルーズに聞こえ、リズムが悪く聞こえます

子音を短くはっきり言うための瞬発力を持たせるためには呼気との関係があります
日頃からいつもよりクリアに発音するクセをつけておきましょう
ただし大げさにならないように！

前のトピックでもやった口の開き方や下顎の使い方とも関係していますよ

aーあえあえエクササイズ　track6

「あ」の発声時に舌根を大きく奥に引き下げ「え」の時に戻す

横からみると

　できるだけ口の中で大きく動かせるように、舌の動きを鏡でしっかり確認しながら取組んでください

第3章　口の中の使い方について　49

● **b-イヨイヨエクササイズ　track7**

　こちらも aeae と同じで舌根をよく動かすエクササイズです
　この時に「y」が抜けて「いおいおいおいお」となってしまわないように気をつけます
　y が舌根を動かすので、発音できない場合はきちんと動いてないのですね

　どうしても舌の動きがうまくいかない場合、下顎が一緒に動いてしまう場合にも下顎に指を添えてやってみると軽くなり余計な動きをしなくなります

エクササイズ

　舌根を動かして喉頭のロックを取る

　舌の動きは言葉を作るツールとして上手に動かしたいのですが、頑張りすぎるとかえって発声の邪魔になってしまうことがあります
　基本を身につけていくうえで「力まない」で発声するが難しいのですが、根気づよくエクササイズをこなしていくうちにいつの間にか
「あれ？　楽だよ！」「こんなに楽でいいの？」
　という感覚が生まれます

　舌を舌根から滑らかにスムーズに動かすことと、喉頭を上手に使う事ができます

　喉頭は舌骨筋によって喉頭がぶらさがっている構造になっているので舌骨がロックしていると喉の自由が奪われます
　そして下顎もロックされます
　顎関節症の方や噛み締める癖のある方、いつも精神的に緊張している方は動きにくいような気がします
　そうなると喉の詰まった感じがいつまでも取れず、力みがひろがってしまいます
　ここが力むとミックスヴォイスは絶対に出ません

第３章　口の中の使い方について　*51*

コラム

「キレイに歌いすぎたら、自分の個性がなくなってしまうのでは？」
　とコメントされる方がいました

　個性がある、という事は大切だと思いますが、作り込んだ個性はわざとらしく聴こえます
　そこから歌い癖ができてしまい、何を歌っても同じように聴こえてしまいます
　まずは「自分らしいスタイルとは？」と問いかけず素直に歌ってみましょう

　基本的な事が出来たら、あとはどれだけ崩しても遊んでも結構です
　この本はまず基本的な事ができているか力みは取れているか、を重視しているのでまずはそのまま！

　舌根を動かすエクササイズの時に舌の動きはあるけれど極端に声が小さくなってしまう方は
　あなたの「素」の歌声はその程度の声量だという証拠です
　呼気が足りないのです
　常に力みきった状態で発声されてないか自己チェックが必要ですね

第4章　呼気について

呼気圧に関する事

「歌っているうちにだんだん苦しくなる」
「うまく吸えている感じがしない」
「ブレス時にはいつも身体が大きく動いてしまう」
「吸おう吸おう、吐こう吐こう、といつも思っている」
「たくさん吸わなきゃと反射的に一気に吸ってしまう」

　など
　自由な息の循環がおこなわれないのでは？
　呼吸法についてはいろいろと論議されるところですが……
　ここではそういう事にこだわらず、身体をどう使ったら効率よく呼吸できるのかを考えていきましょう
　ここでお話する呼気圧とは、「歌う時」のものと考えてください

● 身体もパイプオルガンみたいなもの？？？

　私たちの身体という楽器はいろんな楽器や物に例える事ができます
　このトピックではオルガンに似ている、という視点で見てみます

　この足踏み式オルガン、ペダルを踏んで<u>加圧</u>された空気が押された鍵盤に送られ音が出る仕組みで演奏されますね？

　呼気圧は音を発するエネルギーで笛を鳴らすための空気の流れです

　その前にまず呼吸について確認したい事があります
　歌うときの呼吸も安静時の呼吸のようにリ

ラックスし、最小限のエネルギーで行なわれたいのですが、コントロールされていないと！

　私たちは自ら肺を操っているように感じますが

「肺自体を直接コントロールする事はできない」

ことはご存知ですか？　肺は完全に受け身なのです

　呼吸筋に頼っていることになります

　だから「吸おう吸おう」という行為はかえって無理な活動になり、力んで思ったより吸えなくなっていきます

気圧は高いところから低いところに流れる

　天気予報の気圧の説明と同じで

「気圧は高いところから低いところに流れる」
　性質があります

　どういうことかしら？
　ボイルの法則から考えてみましょう
　胸腔が広がると内圧が下がります
　中が陰圧になれば外からの空気を肺に取り込みやすくなります
　そうすれば呼吸筋のサポートでブレスをコントロールすることができます

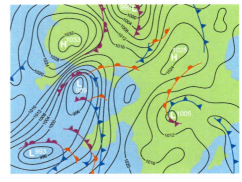

第4章　呼気について　55

空気が肺から外に出て行くと肺の中の気圧が低くなるため外からの（気圧の高い方から）空気が入っていきます
　呼吸筋を上手に使って導くことにより楽で自然でコントロールされたブレスになります

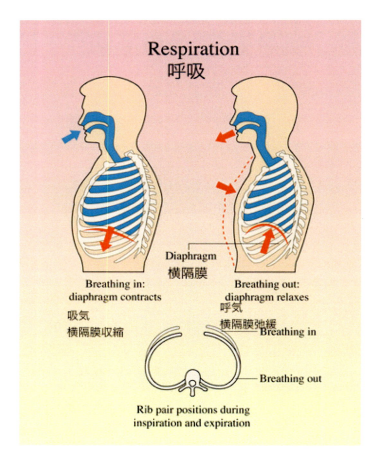

　では、オルガンのように呼気に圧がかかるということはどういうことなのでしょうか？息を吐くと空気にスピードが出て、勢いが出ます
　バースデイケーキのろうそくを消すように
　伸縮性のあるビニール袋でも風船でもなんでもいいのですが、伸縮性の

ある袋に息を充たし、そのまま指で中の空気は漏れないように出口を挿んでみましょう

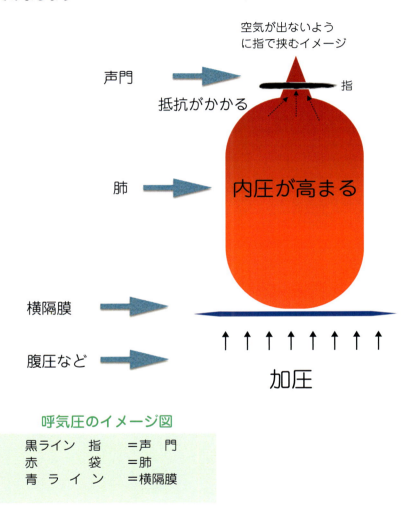

呼気圧のイメージ図

黒ライン　指　　＝声　門
赤　　　　袋　　＝肺
青ライン　　　　＝横隔膜

　息を吐こうという意識から働く加圧で横隔膜はコントロールされ、肺が圧迫されることで息が押されると、閉じようと（鳴らそうと）している声門に抵抗がかかります
　内圧が高まることで声を鳴らすエネルギーができます

第4章　呼気について　57

横隔膜は

> 吸気→下がって収縮する
> 呼気→上がって弛緩する

という動きをします
　本来、運動をしたり重い荷物を持って運んだりなど息が上がる運動をする場合は、反射的にも補整的にも身体は勝手に調整して働くはずです
　普段の動作だと大笑いした時
「笑ってお腹いたーーい」
　という経験は誰でもありますよね？
　勝手に身体が動きます
　この時に使っている筋肉が呼気圧を生んでいます

　よく笑うといいですね！

私たちはいい声を出すためには

「呼気圧を生む身体の使い方ができる」

ならそれでいいのです

実際のブレスはそのときによって長さも深さも量も違いますから任意で使い分けられたらベストだと思います

呼気圧を生むコントロール

それは

声帯のコントロール

と

横隔膜などのコントロール

がうまくいくこと

第4章　呼気について　59

声門がストッパーになる

喉頭、のど仏と言われるところです
いくつかの軟骨で構成されています
この喉頭の中に声帯があります
軽く触って声を出すとよく振動しているのがわかります

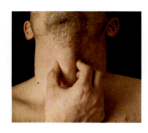

声門は、呼気によって抵抗を受けるストッパーみたいなものと思ってください

声門が開けば息が通りますし閉じれば息は止まります

強く閉じて吐こうとすれば抵抗が強くかかりますし、弱く閉じれば抵抗は弱くなります
呼気圧が高ければ強い音、低ければ弱い音になります　皆さんここのバランスが悪いのですね

呼気圧＝音圧＝声量です

歌の中ではこのように声門の閉じ方を微妙にコントロールすることで音質がかわるので表情をつけたいときに上手に使い分けていきたいですね

声門と同じような楽器って？ベルヌーイの定理

こちらの楽器を見てみましょう
オーボエです

　この楽器には二枚の「リード」が使われています
　二枚のリードが空気の振動を起こし音を出すのですが、声の鳴り方と似てるんですよ
「ベルヌーイの定理」が働いて音が出るというところです
ベルヌーイの定理
　エネルギー保存の法則です
　ホテルのシャワーを使ったとき、お湯を出すとシャワーカーテンが身体にまとわりついて煩わしい思いをした事がありますか？
　または電車のホームの端を歩いてて（危険！ しないで）電車が入り込んできたときに自分がフッと電車側に引き込まれるような怖い経験をしたことは？
　これはベルヌーイの定理が働いています
　飛行機が飛ぶ仕組みもベルヌーイの定理なんだそうですが……

　それを発声で言うと……

第4章　呼気について　*61*

> 声門の間に呼気が通り声門が閉じようとする
> ↓
> 呼気が送られることでまた広げられる
> ↓
> 閉じようとする

これらが素早く繰り返し振動が起こり発声するのです

声門にどういう息が当たるか、声門の開け具合をどれくらいにするかで音質や音量が変わり、私たちの歌に表情がうまれます

みなさんはベルヌーイの法則を効率よく使えないほど「強く」閉じ過ぎています
　いわゆる「**のどごえ**」の状態です
　呼気のエネルギーを保存できないほど離してもいけないしくっつきすぎてもいけません
　そして
声門は呼気でしか鳴らすことができません

だから自然な発声をするためには十分な呼気量も必要で
　呼気を制限された状態はカタくキツい声になるばかりだけでなく、下部の咽喉が狭められてしまうので響きも乏しくなります
　とにかく「大変そうに歌っていますね」という印象です

聴き手も歌い手も居心地の悪い圧迫感のある演奏になっていませんか？

まず声門の使い方を確認してみましょう

第5章　声門について

エクササイズー声門の開閉の感覚をつかもう！

● 1－a track8 ▶

声門をゆるめる

ビールの CM などで最後に美味しそうに「ハァーーッ !!!」と言う吐息を聴いた事がありますね？

まず、息を止めて一気に声門をゆるめて息を吐き出してみます

そのときにハァーーッと言ってみます

声門がパッと開き、温かい息が声門から漏れだすのがわかるでしょう

粘膜がピタっとついたり離れたりする感覚が持てますか？

● 1－b track9 ▶

a でやった吐息のやり方の応用です

①声門をゆるめて「ハーーーッ」

②声門を力ませて「ハーーーッ」

よく「あくびのノドで歌いなさい」と言われるのは喉頭が下がってノドが開いている事を指します

声門を伸縮させてみよう

声門の開閉の仕方が分かってきたら今度は声門を伸縮する方法を学びましょう

開閉することによって音の強弱や音質の硬軟に変化をつけられます

声門が伸び縮みしピッチが確定されます

それは高い音、低い音のコントロールです

私たちはこの

横（開閉）と縦（伸縮）の動きで音の調子を使い分けています

縦の動きは歌える方なら誰でもできています　p107 図参照

　でもきれいに使えている方はあまりいないかな・・・

　そしてほとんどの方にこの感覚はなく、コントロールしきることができ
ません

　喉の筋力不足も原因です

　はっきりとした感覚でわからなくても

「これがそうかなー？」と感じてコントロールできてそうなら使えている
証拠です

　これさえ分かれば、また筋力がついてくれば声帯を思い通りに使いこな
すことができ、出したい音が出せるはずです

　このエクササイズは 95p 喉頭ストレッチエクササイズに出てきます

　声門と喉頭は分離しにくいのでトピック分けできにくいなぁと思ってい
ます

第 5 章　声門について　*65*

声門を使いすぎていませんか？

ノドの使い過ぎとは声門を強く閉めすぎ、くっつきすぎという事です

発声時は完全に声門が閉じきっているわけではありません

皆さんはしっかり出そうとしすぎて、強く声門を使っているような気がします

ただでさえ日本語の音が他の言語より喉頭を少し上めに使っているので、歌う時にさらに力んでキュッと力んでしまうのです

このままになってしまうと喉頭も上がりやすく、歌うのに適していません

ある程度声量は出せるのでこれでいいと思ってしまいます

こういう使い方は歌う時だけに限ったことではないようです

ブレス時にも喉頭が下がらず声門を突っ張らせたようになっていないでしょうか

ブレス音がびっくりした時に出る「ハッ！」と息を飲むような高い音が出る方や肩や胸の上下運動が激しい方は要注意です！

発声時に喉頭が上がってしまうと力んで微調整ができないのでミックスボイスが出にくくなります

また、常に全体的にピッチがフラットしている方もこの傾向があります

逆に使わなすぎの方もいらっしゃいます

すぐ息がなくなり苦しい、声量がない、声に張りがない、歌い終わるとものすごく疲れるというような方です

声がマイクにも乗りにくく、空気ばっかり出てしまうので場合によっては自分だけハウる事もあるでしょう

ファルセットは声門をいつもより開いて息を多めに流します

そしてファルセットはウィスパーヴォイスで歌うのは別として継続的に使うものでもありませんので注意しましょう

66

1　声門を軽く閉じてみます

　息を止めると声門は閉じます　一度止めてみて
そこから呼気を声門の間に滑り込ませるようにハミング
「んーーーーーーーーー」
出しながら少しずつポルタメントさせます
　その時に音質や音量が決して変化しないように気をつけながら
ゆっくり声門を伸ばすイメージです

2　今度は高い音からゆっくり低音に向かって声門を戻していきます

　この時に一気に緩んでしまうのではなく、少しずつ戻すように気
をつけてください

　私の感覚だと、伸縮はわずかに感じるだけで、動きは分かりにくいような気がします
「声門が伸びたかな、戻ってきたかな」という目安をつけています
　いずれにせよ、この辺りの筋肉の動きは分かりにくいような気がします
　コントロールにつなげる為には「こんな感じかな」という感覚が大切です
　よく分からなかったら95pのエクササイズを参考にしてください

リップトリルについて

　一般的にこのリップトリル（リップロールとも言う）は歌う前のウォーミングアップでよく使われています
　喉を楽に使って「うーーー」と言って呼気で唇をプルプルまわしている状態です
　最初に私のレッスンにいらっしゃる初心者の方ですぐ理想的にできる方は何人もいらっしゃいません

第5章　声門について　67

コツもありますが……

全体的に力任せで無理強いして出ているような感じです

なので

唇がプルプルと振動したからといって OK ！ にしないでください

　うまく出来ない理由は二つあります
　呼気が十分に出てない場合です
　リップトリルの音が細かすぎてませんか？　それは上半身や首などに力みがあってうまく吐けないのですよね
　ありったけの力でトリルを作ろうとしてなんとか prprpr……出来たものの、トリルの後に顔が痒くなったり、唇に軽くしびれが残ったりします
　顔が真っ赤になったり、ヘトヘトになってしまうほどくたびれてしまうのもいけません
　トリル音はできるだけゆっくり余裕がある回転数になるようにしてください

　もう一つは声帯の緊張です
　声門を閉じすぎてしまうと音が濁りますのですぐ分かります
　107p にもあるように私はよく
「声門の前の方で閉じようとしないで」と言います
　閉じ方があるのにもかかわらずやみくもにぎゅっと締め上げて使うのはいささか乱暴すぎるような気がします
　ちょっとした動きで音質が変わるのでもっと繊細に、急激に変化させないようにしたいです

常に自分の耳を頼りに、クリアな音でゆったりとしたトリルが出ているかどうか確かめながらおこなってください

　そういう方はミックスヴォイスの音域にさしかかると音質が極端に変わる方が多いです

　自然な音の変化であればいいのですが、極端に音が変わったり引っかかったり、裏返るのはよくありません

　たかがリップトリルだと軽視せず、どんなトリル音が出ているか
　観察してみてください

　トリルが力一杯で出ている場合は、歌声になった時にもエネルギー過剰な声になっている場合が多いようです

　これでは繊細に音を出し分けることが出来ませんよね？

　だいたいトリルの出方でその方の発声力がわかってしまうくらいです

　シンプルですが大切ですよ
　もう一度見直してみてくださいね

● **リップトリル音源　　track10** ▶

エクササイズ

● 上手にトリルが出来ない場合

　きちんと「吐いている吸っている」の循環が整わない方が多いのです
　いろんなところが力んでいるから当然ですよね
　発声に必要な基本的なフォームができて初めて質の良いトリルになると思います
　姿勢のトピックももう一度見直してみてください

● リップトリルエクササイズ　track11

> ａ－無声音のトリル
> ｂ－有声音のトリル
> ｃ－有声音から無声音へ移行するトリル　その繰り返し

> 　ａはただ息だけを流して唇をふるわせます
> 　呼気圧があまり感じられません
> 　ｂは声門を鳴らすので急にノドに力が入ったような感覚になります
> 　ｃはａとｂを繰り返すので声門にかかる呼気圧の違いははっきり体感できます

　途中で途切れてしまわないようにしましょう

● エクササイズのトリルがうまくできない場合

　バランスの悪いトリルになると声量は期待できても、響きがなく硬くフラットな音になりがちです

唇を少し尖らせて、内側の粘膜をくっつけ息をリリース（解放）させるようにしてみましょう

　サクランボの種をプッと吐き出す感じです

　出来ない方の多くは常に胸郭を絞っている（力んでいる）のでブレスに時間がかかってしまいます

　この状態は一生懸命吸っているつもりでも曲の最後の方になると苦しくなって吐けない、吸えない、という状況で歌う事になるのと同じです

　歌い終わったら重い疲労感が残ります

　安静時の呼吸を観察してください、あなたが思っているより胸郭は動いているはずです

　身体をロックしないでもっとリリースしながらすぅーっと伸びていく美しい声が出たらいいですね

　歌っているときの１番の力みは首、ノド周辺と上半身（胸郭）です

　ロックされないように動きながらトリルを出します

第５章　声門について　*71*

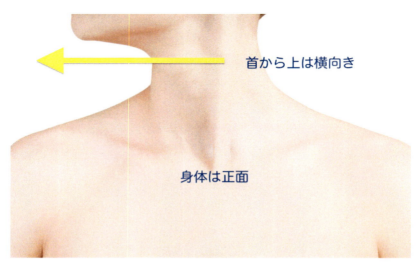

首から上は横向き

身体は正面

１－首を左右にまわしながら
上半身の位置は変えないで映画「エクソシスト」の首みたいに（笑）
２－上半身を左右に揺らしながら胸郭が広がるように

> **観察！**
> トリルで曲を歌う時、腹部の体幹にどのような感覚がありますか？
> 身体のどこに圧がかかった感じがしますか？

その後すぐにおさらいしている曲を歌ってみてください
できるだけその余韻を残しながら歌うと
今まで出にくかった高音や音の跳躍も自然に出ませんか？

第6章　腹圧について

腹圧がかかっているということ

　唇をすぼめ、ゆっくりゆっくり熱い飲み物を冷ますように細く長く息を吐き続けてみてください　（声門は緩めて）

　胃の下のあたりや腹筋に縦の線が入るところあたりの動きはどうなっていますか？　背骨の近く、腰のあたりはいかがでしょうか？

　静かに内側が収縮している様子が感じ取れますか？

　このあたりが「腹圧」がかかっている場所です

　歌っているときは息を吐くだけでなく「声帯を鳴らしながら」吐かないといけないので余計に分かりにくいのです

　上手に腹圧をかけていきたいのですが

　しっかり吐いて、と言うと力んで吐いてしまう方が多いです

　身体も声帯も！　全部！　Nooooooooooo……………!!!!!!!!

　ビブラートがきれいに出せない方は十分な量を吐けてないので腹圧がうまくかけられていません

　皆さんも「お腹をしっかり使いなさい」「お腹から声を出しなさい」という言葉で言われた事がありますよね？

　具体的に腹圧をかけるにはどの部分が関係するのか見ていきましょう

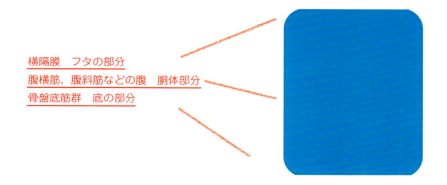

横隔膜　フタの部分
腹横筋、腹斜筋などの腹　胴体部分
骨盤底筋群　底の部分

腹圧のイメージ図　エアポンプのようなイメージ

　この図はこれらがエアポンプのような役割をしていることを表しています、横隔膜を押し上げて肺から空気をプッシュしています

　この図の上には57pの呼気のイメージ図がつながっていて、肺から空気が押し出ると声門がストッパーとなって息をいったんせき止め、抵抗ができます

　肋骨下部にくっついている横隔膜は腹横筋が収縮することにより肋骨が引っ張り下げられゆっくり呼気を押し出します

　背中側の下後鋸筋も肋骨を下に引き下げ呼気を生みます

　これらの筋肉は肋骨をロックする事なくこの青いポンプがぎゅっと収縮し、質が良く横隔膜を良い状態に保って呼気を作る事ができます

　その呼気は声門によってせき止められ抵抗を作り呼気圧となります

　腹圧は呼気圧がかかっている証拠なのです

　私自身、腹圧は自分から積極的にかけている意識はありません

　自分から腹部を凹ませてぎゅっと押すのではなく

　<u>結果として</u>圧が伝わっていると考えていいのですね

　腹部の筋肉たちがそれを受け止めているのでお腹を使った感覚になるのです

　息を止めて重いものを「ウッ！」と持ち上げる時を想像してください

　綱引きでもいいです

　この時もしっかり腹圧がかかっていますよ

第6章　腹圧について　75

余談ですが、声門が痩せる病気になってしまうと重いものが持ちにくくなるんだそうです
　よく呼吸の練習で息を吸ったり吐いたりを繰り返す息だけの練習をする人が多いのですが（私もやることはありますが）
　それをやるなら「zzzzzzz」などで有声音にしたほうが効率的です
　なぜなら
「歌っている時に」正しくおこなわれないと意味がないからです

　歌う前にストレッチを念入りにおこなったものの、歌う時には力みきってしまうことと同じで、<u>肝心な時に使えないと</u>意味がないのです
　必ず息だけの練習ではなく、声門を鳴らしながら吐く感覚を身につけてほしいと思います

　胸郭（空気を溜めておく部屋）と腹部（実際にエネルギーを作り出す部屋）を別々に使うことに難しさを感じると思いますが
　実際は連携の取れた一つの動きとして使っています

> 腹部→腹圧、しっかり呼気をうむために
> 胸部→ブレスで肺に空気を入れて膨らむために

　呼気圧のポイントとなるのは横隔膜と声門です
　横隔膜の使い方と声門の閉じ方次第で呼気にどんな圧がかかるかが決まるのですね

エクササイズ

● 　　ドゥッドゥッエクササイズ　track12

　日本語の「う」の発音を少し深くしたような「お」に近い音をだすようにします

ｄを言った瞬間にお腹のあたりに内側から外側に押されるような圧がかかると思いますが、これが呼気圧、腹圧の感覚です
　インナーマッスルを十分に使わせるようにしたいので
　決して自分から意識的にお腹に力を入れないようにしましょう
　これが体感できない場合は横隔膜から下の部分を使った呼気のプッシュができてない証拠です

● 横隔膜について

　横隔膜は肺に空気が入り満たされれば膨らみ圧されて下がります
　胸郭も持ち上がり広がるので左右にも引っ張られます
　下がっている時の横隔膜は収縮しています
　息を吐いていくと上がって弛緩していきます
　横隔膜は収縮しているとコントロールしやすくなります
　指に力が入って鉛筆で文字が書けるのと同じで

横隔膜が上昇してふにゃふにゃになってはコントロールができません

とにかく横隔膜は下げたままで歌いたい！ のですが

吐き続けて（歌い続けて）いれば肺は自然と小さくなっていき、横隔膜はどんどん上昇して弛緩する一方なので「意識的に」横隔膜をできるだけ下げておく工夫をしなければいけません

皆さんの場合、歌いだした途端一気に胸郭が力なく萎み、あっという間に横隔膜が上昇してしまいます

お腹で支えてという言葉は横隔膜で支えてと言い換えられます

私はいつも「胸郭はいつも張り出している感じで」とか「胸郭を一気に萎ませないで」と言います

横隔膜の感覚はほとんどないので分かりにくいんですよね

90p の支えのトピックでも出てきますので確認してください

第7章　吸気について

楽なブレスとは

　呼気圧、腹圧の理解ができて吐くことが整ったら、「どう吸えばいいの？」
と思いますよね？
　自然に吐くことさえ出来れば、あとは「勝手に息が入っていく」ことが理想です
　フレーズによっては長さも音域も違うので次の準備の為の「コントロールされた状態」で吸えなければいけません

　大切な事は
「力を入れないで楽にすぅーっと」
「肋間筋をフリーズさせないで」
「喉に負担をかけないで」
吸えているかどうかです
　どんなにたくさん吸えていても、力任せに吸ったブレスは身体が硬直していきます
　次の動作になる呼気がロック状態になるだけでなく、横隔膜も下げられません　おまけに胸郭も広がりません
　また沢山吸いすぎるのも良くありません
　吸いすぎた分をキープするために身体が力んでしまうのです
　先ほども述べたようにブレス音に、びっくりしたような反射的な
「ハっ！」と声門を力ませて吸うのも良いとは言えません

好ましくないブレス時の身体の動き

1-下腹部やおへそ周りだけがペコペコ動いている場合

　呼吸のたびにお腹が真っ先に大きく動いてしまう。下腹部中心に

　深く吸えるような気がするのですが、腹筋群は完全に弛緩しきってしまうので、次の呼気のスタートに腹筋群が使えるまで時間がかかってしまいます
　そこまで緩みきらないでください！
　お腹に入るのが腹式呼吸でしょ、と皆さんおっしゃるのですが､､､
　だからお腹が動くと「できた、できた」と安心してしまうのです
　確かにうまく入った時のブレス時の<u>最後</u>お腹周りはゆるみます
　でもこの動きは意識的な動きではなく、あくまでも補助的な動きです
　胸郭が広がり息をたっぷり吸えて最後にお腹が動くのです

吸った空気はどんな呼吸の仕方をしても「肺にしか」入りませんよ!!

　確かに腹壁が緩めば内蔵が下に移動し横隔膜が下がりやすくなります
　腹式呼吸ができないよりはできた方が有利という気もしますが、デメリットが多すぎます
　次にお腹を動かすブレスのメリット、デメリットを考えてみましょう

第7章　吸気について　*81*

メリット

○　腹壁が緩むので内蔵が下に移動し横隔膜が下がりやすい
○　身体の力みが一瞬で取れやすい
○　動きで確認できるので「吸った」実感を持ちやすい

デメリット

○　一度緩んだ腹壁は瞬時に呼気圧をうみにくく、歌いだしで音をは
　　ずしたりふらつきやすかったりする
○　しょっちゅう収縮⇔弛緩を繰り返すのでロスが多い　無駄な動
　　きになる
○　短い間にたっぷり吸わないといけない場合間に合わなくなる
○　力みやすい動きをさせる事になる　特に首に力が入りやすく、胸
　　郭がロックされてしまう
○　インナーマッスルとのバランスが取りにくい

　それぞれ良し悪しはありますが、腹部と胸部を区別した使い方になって
ないとしたらあまりおすすめできません
　胸郭は腹部が真っ先に動くと開かないからです
　ステージでいつもお腹が動いていては見た目も悪いですね

2-肩の上下

　呼吸の仕方を学んでいらっしゃる方は多いでしょう
　なので今回はちょっと面白い筋肉を取り上げてみようと思います
　息を大きく深く吸おうとしたら肩が上下に動いてしまう。。。
　胸や背中には呼吸筋として働く筋肉があり、連動で胸郭が開いたり戻っ
たりしますが、肩が上下してしまうと前鋸筋という筋肉が正しく働かず
「吸っているアクションのわりには大して吸えていない」
　状況になってしまいます

こちらのイラストが前鋸筋です

のこぎりのようにギザギザとした形で肩甲骨から前に向かって肋骨を広い範囲で覆っています このギザギザの部分が収縮することにより肋骨を持ち上げ広げることが出来ます

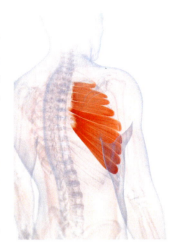

そうか、肩を動かさないようにしないといけないのね、と気をつけ過ぎてフリーズしてしまう方も多いので注意してください

せっかくのステージパフォーマンスも肩の上下だけで一気に「いかにも」初心者ぽくなってしまいます

ステージングだけでも「上手そう」に見えるのも大切ですよ（笑）

立ち姿だけでパフォーマンスに説得力を持つ事だってあります

そのために姿勢やマイクの持ち方などももう一度チェックしていただきたいものです

たくさん吸おうとすると肩の上下だけでなく頭（顔）の上下も起こりますね

「私はそんな事やってない」と思う方もいらっしゃるでしょう

次のフレーズはキメるぞ！　というクライマックスがきたとき。。。

あー、やっちゃってる！

吸う時に顔を上げて精一杯吸おうというアクションは痛々しくみえます

ご自身で気付いてない場合が多いので録画してチェックしてみましょう

他にも吸気筋はありますが、前鋸筋は肋骨を広げて胸腔内を陰圧にし、横隔膜を下げてくれるので優先して使えるようにしましょう

第7章　吸気について　83

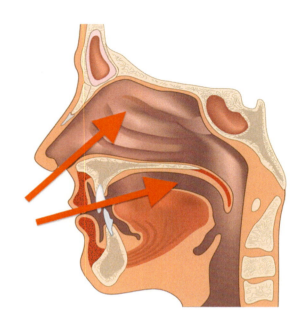

　このイラストをみてください
　口と鼻、両方から空気が入ると思いませんか？
　たくさん吸いたいと思ったら掃除機が二つあるほうが短時間にお掃除できますよね？
　鼻だけで吸うと深く吸えますが、時間がかかり、変な音がする、肩や顔が上がりやすい、うまくやらないと首が力みやすい、となりますし
　口だけで吸うと一度に多く吸えますが、声帯に直接風が当たり乾燥して歌っている途中でむせる、舌や下顎に力が入りやすい、浅くしか吸えない、はぁはぁ言ってしまう、という事になります
　だから両方使った方がいいのです
　でも皆さんは「どちらかでしか吸えない」方が多いんです
　両方から吸えると短時間で気持ちの良いブレスができます
　掃除機（ブレス）はノズル（鼻や口）で吸うのではなくモーター（横隔膜）で吸うのですよ

同時に舌根に力が入ってないかどうかも確認してください

　わざと舌全体に力を入れて息を吸ってみるとよくわかりますが

　首の後方に力が入って深く吸えた感じがしませんよね？

　舌に力みが残った状態でブレスすると喉頭をロックしてしまい、自ら力みを作ってブレスをする事になってしまいます

　そうするとフレーズ頭から最後まで取り返しの付かない事になってしまいますよ

　もしそれが毎フレーズ同じ事が起こっているとしたら？？？

　考えただけでもとても恐ろしいです！

　うまく出来た時に「そう、それでいいですよ」と私がコメントすると「吸ってない感じがしますが」とか「ブレスが短くなりました」とおっしゃいます

　きちんとできたブレスというのは軽いのです

　余程のことがない限り精一杯吸っている感覚はないものです

　普段の生活の中の吸気、おしゃべりに夢中になっている時の吸気でブレス音が気になる人はいないですよね

　もっと自然におこなわれて欲しいですね

第7章　吸気について　85

エクササイズ

　前鋸筋を動かして歌ってみます
　肩や背中のこりの強い方は 呼吸が浅い可能性があるのでストレッチの代わりだと思ってやってみてください

左右の腕をゆっくり交互に前後させ、呼吸の深さを確認してください
この動きをゆっくり繰り返しながら歌います

肩が上がりやすいので注意しましょう

肩から背中に力みがある方もリリースされていきます
響きが変わったり楽になったりする感覚がありますか？

スポーツ時の前鋸筋の働きはボクシングのパンチ、バレーボールのスパイクのように肩から腕を突き出すときに使われます

　呼吸の際は「吸気筋」として使われるので常にストレッチをしてほぐしておくようにするといいでしょう

　私はジムでこの筋肉を鍛えると翌日息の流れがとても軽くフレーズが大きくなってのびのび歌える実感があります

コラム

　ブレスは毎回しっかり深く吸わないといけないと思われるかもしれませんがそんな事はありません

　次のフレーズの長さや使うエネルギーなどによって必要量が変わってきます

　吸う量やタイミングにバリエーションがつけられるようになると次のフレーズがより洗練されてきます

　上手な人たちは同じようにブレスしているように見えて、実はその時その時 無意識ながらも量や深さを調節しながらおこなっています

　そしてそれを感覚的に行えるのです

　ブレスの技術が上がるだけでずいぶん「こなれ感」があり、演奏自体もスムーズになると思います

　聴いていても苦しくなるような事がありません

　例えば、弦楽四重奏などでも呼吸で音を合わせます

　そう考えるとブレスは発声に必要な空気を取り込むだけでなく

「音楽の一つ」 だという事がよくわかると思います

「ブレスでも歌う」「ブレスも音楽的に」　これ、とっても大切です！

第8章　支えとは

腸腰筋とは

　ヴォーカルの先生はよく「お腹でしっかり支えなさい」「支えをしっかりして高音を出しましょう」というコメントをします
　レッスンを受けた事がある方なら言われたことあるでしょう？
　私も使います
　この「支え」とはいったい何でしょうか？　どこで支えるのでしょうか？
　こちらのイラストをご覧ください

ずばり
A 横隔膜を中心とした腹圧部分
と
B 腸腰筋
です
ここは連携して動いています
　横隔膜は前に出てきましたので腸腰筋をみていきましょう
　①が腸骨筋で②が大腰筋です
　腸腰筋とは総称で大腰筋と腸骨筋と小腰筋があります

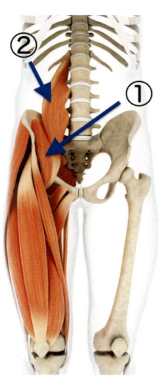

　先ほど横隔膜は下げたまま歌いたい、と言いました
　大腰筋は横隔膜と腰椎で重なっている部分があるので、大腰筋が収縮すると横隔膜を上昇させないことができるのです
　この筋肉たちがあなたの声を（息を）支えているのですね
　なのにお腹だけで支えると思っている多くの方々は「ぎゅっと」力を入れてしまい、腹部の体幹部分のロックを作ってしまいます

もちろんお腹の筋肉も使うのですが、自分から意識的に使っていくことではありません

　自由に使わせる、という感覚のほうが私には近い気がします

　お腹を使っているようで肋間筋を中心に使ってしまうといわゆる胸式呼吸になってしまいますよね

　強いけれど長く吐けないのは歌に適しません

　横隔膜を弛緩（上昇）しないようにしっかりサポートしてくれるので安定してブレスコントロールができるようになります

　　○　すぐ息が足りなくなる　　○　ロングトーンが苦手
　　○　高音が細くなってしまう

　これらが思い当たる方は腸腰筋と横隔膜の連携が取れてない場合が多いです

● 腹圧のサポートする筋肉　腸腰筋を使おう

　日常では歩く時や膝を上げる時に使われます

　ここで喉頭を支え、横隔膜を支えていると言ってもいいくらいです

「え!?　そうなの!!」

　あなたに歌う筋肉が整っているかチェックしてみましょう

　右の写真のように片足を上げてバランスを取って立ちます

　その時に全身に力を込めないようにして膝の位置はできるだけ高く上げます

　バランスが取れますか？

　腸腰筋は股関節の屈曲をすることで働きますので片足を上げたままで曲

第8章　支えとは　　91

を歌ってみてください

　グラグラする方は体幹も鍛えましょう

　歌う筋肉を鍛えたいと思ったら、階段をよく使う、よく歩くようにすれば自然と歌いやすくなりますよ

コラム

　腸腰筋はいわゆる「ヒレ肉」です（笑）

　アスリートの腸腰筋はとても発達しているそうです

　そして、腸腰筋の連携の先には内転筋があります

　内股の筋肉です

　傘に例えると傘の部分が横隔膜、柄の部分は腹筋群から腸腰筋にあたります

　そしてその柄の延長上に両脚が続いています

　どんなに傘がしっかりしていても柄の部分の支えがないと役に立たないですよね

　舌＝喉頭＝横隔膜＝腹横筋＝腸腰筋＝内転筋＝両脚　上から下まで全部連携してつながっている事が判るでしょうか？

第９章　喉頭について

喉頭図解

60pでも少しお話した「喉頭(のど仏)」についてお話してみたいと思います

喉頭は歌声の為に使われる重要な器官です

ここが楽器としての主な「笛が鳴る(音が出る)」部分です

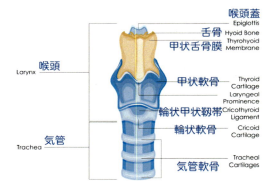

とにかくかたい!!!

喉頭周辺は左のイラストのような形をしています

嚥下、咳、嘔吐など発声以外にも大切な役割を果たしているところです

舌骨から甲状舌骨膜(甲状舌骨筋)が甲状軟骨をぶら下げています

輪状甲状膜(輪状甲状筋)←音の高低を作る筋肉の一部
が挟まれて輪状軟骨があります

| 舌骨→甲状舌骨膜(筋)→甲状軟骨→輪状甲状靭帯(筋)→輪状軟骨 |

の順番です

「ノド声」と言われるように喉頭を握りつぶすように硬く使ってしまうことによって呼気の通りを妨げ、鳴りを悪くします

とにかく苦しい感じがします

でも歌っている本人はしっかりノドを使っているので出している実感が

あり、そんな自分に満足してしまいます

　使わなすぎてしまう方はヘッドヴォイスばかりが優位になっており（コーラス系の方）低音でもしっかりしたチェストヴォイスが出ません
　出たとしてもなんだか輪郭のはっきりしない弱々しい、息抜けの多い音になります
　そしてしょっちゅうブレスするために疲れきってしまいます
　ビブラートに似た震えのような声を出す方もそうです
　こういうトラブルはできるだけ避けたいですね
　それではどういう使い方が適切なのでしょうか？？？

　喉頭は歌っている時は大きな上下運動（高音でグッと持ち上がり低音で下がる）、前後運動（高音で引っ込んでしまう）などの動きは好ましくありません
　みなさんの声を聴いているとそれぞれ様々で自由に？ 使っているようですがもっとコントロールして使ってほしいなと思います
　まず、発声時に喉頭部分をどのように使っているか、エクササイズで試してみましょう
　ここではわざと喉頭を動かしてみたりもします
　ダンスの前のストレッチと同じですね

エクササイズ　track13,14,15,16

track13 track14 track15 track16

　a- 声帯筋のストレッチエクササイズ
　b- 音域の狭いストレッチ
　c- 喉頭の力みを取るエクササイズ（喉頭を動かす）
　d- 喚声点を（声のチェンジ部分）馴染ませる

第9章　喉頭について

低音から高音まで声門をストレッチさせた時に喉頭の動きはどうなっていましたか？

　自由に操ることは出来ましたか？

　ノド声気味の方は喚声点で引っかかるような裏返りがあります

　息抜け声の方は高音になると後方へ引っ込んでしまって喉頭を見失ってしまいます

　喉頭がぎゅっと硬く締まった感じになってもいけません

　このエクササイズの時には音質、音量ともに変化があってはいけません

　ノド声の方は高音になるにつれ音質が硬く音も細くなっていきます

　このエクササイズでノドを十分リラックスさせ動かしておきましょう

　鼻腔への抜けの練習にもなるので、鼻腔へ響かせる練習にもなります

　どこかで細くなったり硬くなったり、あるところから引っかかってそれ以上高い音が出なくなったりしないように少しずつノドの使い方を覚えていきましょう

　喉頭の上下運動を早くやることによってどんどんノドがほぐれてきた、という方もいらっしゃいます

　それでもしっくりこない方は**横隔膜**に問題があります

　喉頭と横隔膜、私はいつも「この二つはセットだと思って」と言っています

　横隔膜と喉頭は常に親分子分の間柄で（笑）横隔膜の動きに影響されます

　ブレス時に横隔膜は下がると勉強しましたが同時に喉頭も下に落ちます

　喉頭が安定できないのは横隔膜のせいかもしれません

　喉頭自体にフォーカスしてコントロールしようとするよりも胸郭を広げるようにして使ったほうがうまくいく方もいらっしゃいます

　問題は喉だけじゃなかったとか舌だけじゃなかった、というように全てが連携していますよね

　楽器としての身体って奥深いですね、といつもレッスンで話しています

● 喉のポジション

　よく「もっと喉を開けて」「喉を開くように」と言われたことはありませんか？
　ここで言う「ノド」のことは喉頭です

　歌うのに適したノドの使い方があります
　まず、喉頭の基本的な使い方を少しだけお話ししたいと思います

　喉頭は歌唱時に大きな動きはしません（動くことは本来自然なことなのですが）
　メロディが動く度にのど仏が大きく上下しているとしたら要注意です
　また、高音で喉の中が細くなったようなキュッとした感じで圧を感じる場合、また低音で急に広がりを感じる場合なども良い変化ではありません
　喉頭に前後の動きがある方はヘッドヴォイスで歌っているか音圧の弱い方です
　身体全体を安定させて使いたいのと同じで、歌う時の喉頭も安定を望んでいます
　喉頭は下がりすぎても上がりすぎてもきれいな音が出ません
　どんな時でも発声時にはノドは急激な変化をしない方がいいのです

　その上、日本語の場合、他の言語に比べて浅く平面的な音がします
　他の言語よりも喉頭が少し上がって発声するのが日本語のポジションなのでしょう
　話す時の喉の使い方で歌ってしまうと思った通りに発声できなくなります

第9章　喉頭について　　97

コラム

　喉頭の位置によって音質が決まるのでジャンルによっても使い方が変わります
　例えば……
　民謡などは比較的高い位置におかれますし、オペラなどのクラシックは低めの位置です
　以前モノマネ名人の方が、のど仏の位置を使い分けることによって声を出し分けているとおっしゃっていました
　下の方で福山雅治さん、上のほうで志村けんさん、というように。
　ほんとうにその通りだなぁと思って聞いていました
　私たちもどういう音質を出したいかによって器用に使い分けられたらいいですね
　喉頭を動かしたくないばかりに下顎に力みが生じて不自然な発音、発声にならないように気をつけましょう

　言語によっても喉頭の位置が微妙に変わるような気がします

第10章　共鳴について

響きの当て方

　声をどれだけ響かせていけるか……他の楽器と同様に「ただ出ているだけではなく」その音がどのように響いているかによっても曲の印象が変わります

　曲によって豊かな響きも出せて、ある時はタイトな響きなどの出し分けが出来るようにしていきましょう

　響く声とはどんな感覚？

　いつもいつもしっかり出し切ってる感が強い、そうしないとしっかり出してる感じがないのでいつもがっつり出してしまう、という方は要注意です！

　しっかり出してる感よりも**もっと良い音を出す事にフォーカス**して欲しいのです

　私たちはよく音を「どこに当てるか」という言葉をよく使います

　実際に当たっているかどうかは別として、イメージとして奥に当てるのか前に当てるのか

　これは外国語の母音の発音を学ぶ時にも応用できると思います

　フランス語には前舌発音や後舌発音があります

　そうやって明るい母音や暗い母音を作っているんですよね

　日本語以外で歌う方で発音が今ひとつきれいに出来ないという方は母音の作り方、すなわち響きの当て方が苦手な場合が多いです

　響きに敏感になることも必要ですよ

　また共鳴板としての硬口蓋や軟口蓋もよく使いましょう

　声の出方が整ってきれいに響いてくると、皆さん決まって
「聴こえ方が違う」とか「聴こえる場所が違う」「響いて気持ち良い」とおっしゃいます

　自分にだけよく聴こえている声は狭いテントの中で歌っているようで、

周囲には響いて聴こえていません
　だから「良く聴こえているから大丈夫」と満足してしまうのです

「歌っているぞ！」というような実感が強い場合は疑ってください
　私自身響いた声は自分の中に残っておらず外に向かって広がっていて自分の中には響きが残ってないような気がします

　歌っている時の身体は響きの振動が伝わって気持ちいいんですよ！

鼻腔共鳴と力みとの関係

　声門が呼気で鳴らされた音そのものを喉頭原音といいます
　その声を主にみぞおちから上の器官を使って上手に響かせるのですが
　いくら響きを求めても身体中に力が入っていては「風鈴を掴んで鳴らす」事と同じになってしまいますよね

　響いた声の体感ができないといつまでたっても理解できないままです
　力みを取らなきゃいけないと分かっていてもどうやったらいいか分からないのです
　その気持ち、本当によくわかります
　出来る事なら全部の余計な力みを取ってあげたい！（笑）

　鼻腔への抜け道を知ると下顎や首あたりの余計な力が抜けていきますよ
　口を開けたままハミングしてみてください
「んー」と聴こえるように舌根で喉を塞ぎます
　鼻腔に抜けると明るい響きも持てるのでピッチがフラットしてしまう方にも効果があります

第 10 章　共鳴について　*101*

豊かな響きの声の為にはどんな事ができればいいのでしょうか？

● **鼻腔への共鳴**

楽器としての私たちの身体の中で首から上は発声に関わる器官が集中しています

日本語がネイティヴであれば、鼻腔に響かせたり抜いたりする発音がほとんどありません

m行、n行、鼻濁音くらいです

鼻濁音に関しては使わない地方もありますし、使わなくても通じますから言えない方が多いです

出そうとすると鼻声になってしまいます

海外の歌手の使い方を見ていると、鼻腔と口腔を同じような割合でで豊かに響かせているのが良くわかります

☐	下顎に力が入っている	☐	呼気圧がかけられない
☐	ピッチがフラットしている	☐	声がこもったように暗い

などの方は共鳴がうまくいってない場合が多いです

鼻腔に声が抜けていかないと声門が力みやすくなり、同時に下顎や首も硬くなることが多いですね

エクササイズ　track17

track17

① 口だけで息を吐いたり吸ったりしてみます
　身体の中の息の通り道を確認し胸郭あたりの力みをチェックします
② 口を閉じて鼻だけで吐いたり吸ったりをします
　同じように空気の通り道を感覚で確認します

ハミングから a（あ）

②の状態で鼻からの空気を感じたまま静かに「んーー」とハミングしゆっくり口腔をあけて

「がー」

と g を滑り込ませるように出します

これができたら次に

「んーーー」のハミングの時に口を開けてハミングをします

口を開けてハミングするとより力が抜けやすくなります

舌根でノドを塞いで「あぁ」という発音にならないように気をつけます

これで同じように鼻濁音を「んがぁ」と出してみます

第11章

応用エクササイズ

　今までのエクササイズがある程度できた方は応用エクササイズに挑戦してみましょう
　全てのバランスが取れていれば出来るエクササイズです
　声門を中心に身体の連携をとって滑らかな発声につなげてください

　「はーーーーあ"」**track18**
　このエクササイズは息を吐き出す子音Hをつかい、呼気を流しやすくしてからゆっくりゆっくり声門を閉じていきます
　この時に声門の余計な力を使わないようにします
　声門の後ろの方を閉じていく感じです

　だんだん声門が閉じてゆき、呼気が通れなくなるので最終的に音はヴォーカルフライになります
　最後は完全に声門を閉じ切り、呼気をカットしてください
　このエクササイズの後にすぐ曲を歌ってみると声門の軽さに驚くと思いますが

　ヴォーカルフライから声 **track19**
　ヴォーカルフライは声門がキレイに閉じないと（前方を閉じ過ぎたらダメ）出ません
　これは音の素、産まれたての声とも言えます
　振動数を増やしていき呼気の量を徐々に増やしていきます
　最後に歌声にしていきます
　この時に適切な呼気が横隔膜を中心に使われてないといけません
　いろんなピッチでおこなってみてください

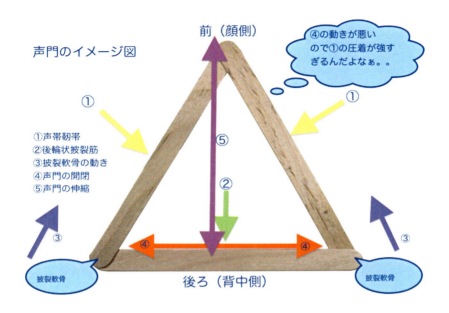

　このイラストを見てください、声門の動きです
　披裂軟骨が外側輪状披裂筋によって引っ張られ③方向へ回転すると④の部分が収縮し声門が閉じます
　ここの閉じが強く呼気が強く当たると声量が増します
　⑤がストレッチするとピッチの変化ができます
　メロディを歌う事ができますね
　私たちは④と⑤の動きで音の強弱、高低を操っています
　ほとんどの方はここの感覚が掴めない、とおっしゃいますが、そのうち「これがその感覚かな？」と分かるようになってきます
　筋力が弱くても感覚がはっきりしないのでしっかり鍛えましょう
　感覚が確信に変わるまで時間がかかりますが、次にお話しする表現力につながりますので根気づよく取り組みましょう

第 11 章　　107

第12章

表現力について

　声が整ってくると、「もっと曲に趣を」とか「説得力のある歌を」「曲に表情を」というように

　あなたの歌をもっともっとバージョンアップしたくなります

　そうするにはどうしたらいいのでしょうか？

　ずっと平坦なままの変化に乏しい演奏は退屈なだけでなく幼稚で洗練さに欠けてしまいます

　抑えめにしたり盛り上がりたいところでしっかり出すにはどこをどうコントロールすればいいか確認しておきましょう

呼気圧を変える

　息の勢い、スピードが変われば音圧に変化がでます

　呼気圧を変化させるには横隔膜などからの息のプッシュと声門の閉じ方でどれだけ抵抗を変えられるか、で決まります

　呼気を増やしながら声門の閉じ方を強めれば呼気圧があがり少し固めのエッジィな音になりますし

　呼気を増やし声門を少し開ければ呼気圧は下がり柔らかめの音になります

　歌い手はそのメロディにふさわしい音質を常に吟味しないといけません

　よく感情をこめてと言いますが、悲しい曲だからと泣いて歌ったからといってその歌が誰かの心に響く訳ではありません

　音に表れないといけないのです

　ソフトに出すのか、クレッシェンドするのか、子音を強めに出すのか、etc......

　相手に伝わるように丁寧に歌うことは大切ですが

　歌は

110

「結果として伝わる」ものだと思っています

　うまくやろう、伝えようとすればするほど歌が厚化粧になってしまいます

　誰かの歌を聴いてるうちに疲労感、圧迫感を感じたことはありませんか？

　ご自身にとっては自分の世界に入れてとても気持ちいいかもしれません「自分の音楽をやってるぜ」という気分になるでしょう

　でもその歌を味わうのは聴いている方々です

　あなたではありません

　演者は冷静な面を持っていなければいけません

　周りの音や他のプレイヤーの動き、気を配らないといけない事も多いですよ

　思い通りの表現ができるまで1小節単位、単語単位、一音単位で何度も繰り返し納得いくまで取り組みましょう

第12章　*111*

まとめ

いかがでしたか？
読んでいて新たな発見はありましたか？
そしてエクササイズは全て完璧にできましたか？

楽器としてひとつひとつの身体の役割が分かったでしょう
あなたには何が足りなかったか、何が必要だったかも
パーツ一つを取り上げても常にどこかと連動していて、最終的には身体全体を使って歌っている事に気付いてくださったら嬉しいです

どれだけパーツをしなやかに、繊細に、可動域広く使えるか、が重要です
瞬発力も必要ですが、紙飛行機を遠くに飛ばしたかったら最後に脱力しますよね
力みを取る事でどんなにあなたの歌が伸びやかで魅力的になるか、私はよく知っています

あとがき

何事も基本が大切です

でも、こんな風に歌ってみたい、こんな音を出してみたいという気持ちが先行するとつい難しいことばかりに挑戦したくなってしまいます

そして、難しい用語や聞き慣れない難しい言葉を聞いたりするだけでときめいてすぐさまやってみたくなります

頭でっかちのまま知的好奇心ばかりが満たされて上達した気分になってしまいます

実際のパフォーマンスに活かされてないままに。。

この本を読んで「だから出来なかったんだ」「それほど基礎は大切だったんだ」と気付いていただけたら幸いです

発声のために必要な身体の連動をはかるには

○　力みを取る為にはどうすればいいか知る
○　身体の仕組みと筋肉の名前や働きを知る
○　実際にエクササイズに挑戦してみる
○　身体の反射として容易なコントロールに変わる
○　歌で実践できる
○　ほぼ無意識に自在に操る事ができる（反射になっている）

そんなに短時間では身に付かないかも……とがっくりきてしまうかもしれませんが……

丁寧にじっくり取り組む方の方が確実に上達しています

忘れない程度の間隔と正しい練習方法で取り組んでください
焦って毎日やらなくても大丈夫です
歌っていて誰しも「ここが気に入らない」という箇所は出てきます
その時に何故改善できないのか？
どこに原因があるのか？　を常に自分をジャッジするクセをつけてください
常に自分の声を録音して聴いてください
もしそこまで判断できなかったらトレーナーに聞いてもらい近道を教えてもらってください

　発声のストレスがなくなって初めてこんなに歌うことが楽で楽しいものだったと知る事でしょう

　あなたの発声力を見直してどんどん声を磨いていきましょう！
　読んでくださりありがとうございました

　　　　　　　　　　　　　　　　　　　　ヒトミヴォイスより

参考文献

- 坂井建雄　橋本尚詩　「ぜんぶわかる人体解剖図」
- 一色信彦　「声の不思議　診察室からのアプローチ」
- コーネリウス・L・リード「ベル・カント唱法」
- グリン・マクドナルド「図解　アレクサンダークリニック」
- 石井直方監修左明・山口典孝「筋肉のしくみはたらき事典」
- リチャード・ミラー　「上手に歌うためのQ&A」
- アマンダ・トゥレイズ　マリーナ・ディグビー　新関真人「PILATES Mastery」
- Roger Love「SET YOUR VOICE FREE」

撮影　吉村大二郎

著者　hitomivoice　ヒトミヴォイス
オフィシャルホームページ　　http://hitomivoice.com/
オフィシャルブログ　　　　http://ameblo.jp/hitomivoice/

ヒトミヴォイス（ひとみ ぼいす）

国立音大卒業
渡仏しヨーロッパの文化に触れる
全日本シャンソンコンクール　奨励賞、歌唱賞それぞれ受賞
2007年渡伯　リオデジャネイロにて歌のレッスンを受ける
都内でのライブ活動の後ヴォーカルコーチとして活動
2001年よりヤマノミュージックサロンにてレッスンをおこない年間のべ
1,500人以上の歌声を聴く
発声の基本を大切にし発声時の身体の使い方から歌のまとめ方まで指導
している

人気講師があなたにお教えしたい
これだけはマスターしたい　発声の基本　攻略法
2015年5月31日　発行

　　　　　　著　者　ヒトミヴォイス
　　　　　　発行所　ブックウェイ
　　　　　　〒670-0933　姫路市平野町62
　　　　　　TEL.079（222）5372　FAX.079（244）1482
　　　　　　https://bookway.jp
　　　　　　印刷所　小野高速印刷株式会社
　　　　　　©hitomivoice 2015, Printed in Japan
　　　　　　ISBN978-4-86584-032-2

乱丁本・落丁本は送料小社負担でお取り換えいたします。
本書のコピー、スキャン、デジタル化等の無断複製は著作権法上での例外を除き
禁じられています。本書を代行業者等の第三者に依頼してスキャンやデジタル化
することは、たとえ個人や家庭内の利用でも一切認められておりません。